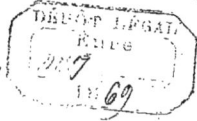

INSTRUCTION PASTORALE

SUR LE CULTE DES SAINTS ANGES

ET

MANDEMENT

DE MONSEIGNEUR

L'ÉVÊQUE D'ÉVREUX

POUR LE CARÊME DE L'ANNÉE 1869

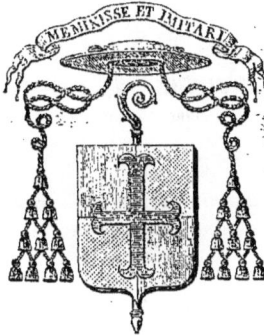

ÉVREUX

AUGUSTE HÉRISSEY, IMPRIMEUR DE Mᵍᴿ L'ÉVÊQUE

—

1869

INSTRUCTION PASTORALE
SUR LE CULTE DES SAINTS ANGES

ET

MANDEMENT

DE MONSEIGNEUR

L'ÉVÊQUE D'ÉVREUX

POUR LE CARÊME DE L'ANNÉE 1869

———

JEAN-SÉBASTIEN-ADOLPHE **DEVOUCOUX**, par la grâce de Dieu et l'autorité du Saint-Siége apostolique, Évêque d'Évreux, assistant au Trône pontifical,

Au Clergé et aux Fidèles de notre Diocèse, Salut et Bénédiction en Notre-Seigneur Jésus-Christ.

Nos très-chers Frères,

La Sainte Quarantaine qui va bientôt s'ouvrir a été instituée pour éclairer vos âmes et pour les fortifier (1).

Pendant ce temps de pénitence, l'Église multiplie ses instructions et ses prières. Elle prescrit aussi des observances

———

(1) Nunc omnium mentes majori studio ad spirituales profectus moveri, et ampliori fiducia oportet animari. (S. Leo., *Serm. IV de Quadrag.*)

1

spéciales, dont le but évident est de vous aider à lutter avec plus de succès contre vos entraînements, contre la séduction du monde sensible et contre les embûches de l'esprit du mal, embûches nombreuses et variées, d'autant plus dangereuses que l'ennemi qui les tend n'apparaît point à vos yeux.

Pour connaître ses attaques, pour en apprécier la force et l'habileté, il faut beaucoup de foi et de réflexion. Pour les éviter ou les surmonter, il faut demander la grâce du Ciel et avoir une grande confiance dans ce secours divin. Notre-Seigneur a eu soin de nous en avertir, quand il nous a recommandé de recourir à la prière et au jeûne. *Hoc autem genus non ejicitur nisi per orationem et jejunium* (1).

Aussi, N. T.-C. F., l'esprit mauvais s'est-il appliqué à faire oublier son origine et même son existence personnelle. Aussi a-t-il fait disparaître, autant qu'il est en lui, la croyance aux Intelligences supérieures, placées entre Dieu et nous comme des messagers, portant au Ciel nos bons désirs et nous rapportant du Ciel les richesses de la grâce.

Notre divin Maître attribuait la faiblesse de ses disciples, dans leur lutte contre l'esprit du mal, à leur défaut de foi (2); et l'Église, dès le premier dimanche de carême, met sous nos yeux celle des pages de l'Évangile (3) qui affirme davantage la funeste action de l'esprit mauvais, ainsi que l'heureuse mission des saints Anges. Un évêque obéit donc à la voix de Jésus-Christ et à celle de l'Église, quand, pour éclairer et ranimer la foi des fidèles confiés à ses soins, il s'applique à établir dé-

(1) Matth., xvii, 20.
(2) Matth., xvii, 19.
(3) Évangile, *Ductus est Jesus in desertum a Spiritu, etc.* (Matth., iv, 1-14.)

vant eux la vérité et l'importance d'un dogme, dont l'utilité pratique est trop souvent méconnue.

Du reste, le sujet de notre instruction pastorale de cette année nous a été dicté par les circonstances, le Très-Saint Père ayant bien voulu récemment (1) ériger en *Archiconfrérie* l'association établie depuis deux cents ans dans notre Église Cathédrale en l'honneur des saints Anges.

Guidé par la foi de nos vénérés prédécesseurs et nous inspirant de leur zèle, nous sommes heureux de vous rappeler, à l'entrée de la carrière de la pénitence, les paroles bien consolantes que l'Esprit-Saint lui-même a dictées. « Si un Ange s'élève en faveur de l'homme que poursuivent mille accusateurs, est-il écrit dans le livre de Job (2), s'il demande qu'il revienne aux jours bénis de son adolescence, cet homme priera son Dieu, qui se montrera pour lui plein de miséricorde, qui le remplira de joie en se révélant à lui, et qui le justifiera de nouveau. » *Si fuerit pro eo angelus loquens, unus e millibus... Deprecabitur Deum, et placabilis ei erit, et videbit faciem ejus in jubilo, et reddet homini justitiam suam.*

Les Anges existent ; — les saints Anges ont droit à notre vénération ; — ils méritent notre confiance ; — ils doivent être l'objet de notre imitation : — telles sont les vérités de foi, N. T.-C. F., que nous tenons à établir, et dont nous allons exposer les heureuses conséquences.

---

(1) Indult du 19 juin 1868.

(2) Job, xxxiii, 23, 24, 25, 26, expliqué par la paraph. chald.

I

Les Anges existent.

L'univers est régi par des lois admirables, dont la sagesse se révèle facilement aux yeux de l'observateur attentif. L'homme qui a conscience de sa propre existence, et de la liberté d'action avec laquelle il réalise les pensées qu'il a conçues et méditées, a été logiquement porté à attribuer les lois qui gouvernent le monde à une intelligence infinie, qui pour réaliser ses plans, met en œuvre d'autres intelligences.

Ces intelligences, d'un ordre inférieur à elle, sont comme de rapides messagers, comme d'habiles artistes, sachant comprendre et exécuter les ordres de la sagesse incréée.

Platon, le plus illustre représentant du spiritualisme dans l'antiquité païenne, ne doutait pas de l'existence d'esprits supérieurs à l'homme et dépendant comme lui d'un Dieu suprême. Ce dogme, dont une saine philosophie découvre sur-le-champ la convenance, se retrouve sous des formes diverses chez tous les peuples du monde (1). Un des fondateurs de l'incrédulité moderne (2), parle lui-même des bons et des mauvais Anges comme d'une vérité consacrée par les suffrages de tous les siècles.

Le fait humanitaire que nous rappelons est tellement certain que les adversaires du surnaturel n'ont pu le méconnaître, et ils avouent ne pouvoir prouver l'impossibilité de l'exis-

---

(1) *Les Dogmes catholiques*, par M. Laforêt, t. 1er, p. 285.
(2) Édouard Herbert, cité par Feller, *Catéchisme philos.*, n. 264.

tence des Anges (1); seulement, comme ils prétendent devoir
nier tout ce qu'il n'ont pas vu des yeux du corps, tout ce
qu'ils n'ont pas touché avec les mains, ils ont préféré s'ar-
rêter à de pitoyables et impertinentes puérilités, comme le
dit un savant théologien (2), plutôt que de s'éclairer au flam-
beau toujours radieux des vérités révélées et des antiques traditions.

Les uns n'ont pas craint d'avancer que la croyance aux
Anges était née du besoin qu'avait l'homme des anciens âges,
d'équilibrer, pour ainsi dire, la substance spirituelle qui se
trouve dans le monde, avec la portion de cette substance
qui se trouve incorporée en lui. Il suffit de citer une
pareille assertion, pour en faire apparaître la pauvreté
scientifique; aussi a-t-elle été réduite à néant par l'un des
plus habiles philosophes de notre siècle (3).

Les autres ont affirmé, avec l'audace qui leur est propre,
que la croyance aux Anges est assez récente chez le peuple
hébreu, et que ce peuple l'a empruntée aux nations de
l'Orient, avec lesquelles la captivité de Babylone le mit en
rapport (4).

Cette assertion n'a pas une base plus solide que la pre-
mière. Ceux qui l'ont avancée et soutenue ne connaissaient
point la profondeur de nos livres saints, et ont mis à la place
d'un enseignement authentique, transmis d'âge en âge depuis
des siècles nombreux, les suppositions gratuites de leurs
téméraires pensées.

(1) Schleirmacher, cité par Strauss, *Vie de Jésus*, trad., t. Ier, p. 424.
(2) *Dogmes catholiques*, t. Ier, p. 281.
(3) Gioberti, *Introd. à l'étude de la philos.*, t. II, p. 514-515.
(4) Voir l'objection et la réponse, Perrone, *Prælect. theol.*, t. III, p. 10. — Michel
Nicolas, *Des doctrines relig. des Juifs*, 2e part., ch. III, de l'Angélologie.

La véritable science procède plus sagement. C'est en obéissant à ses inspirations et en suivant ses règles, que nous allons montrer comment l'existence des Anges est un dogme révélé, dont la preuve se trouve dans le texte sacré aussi bien que dans l'accord des traditions juive et chrétienne.

Nous ne citerons pas ici tous les passages de la sainte Écriture, qui témoignent en faveur de la vérité que nous avons à exposer. Nous nous bornerons à rappeler les plus anciens et les plus décisifs, ceux qui se rapportent à l'origine et à la constitution du peuple d'Israël.

L'Éternel apparaissait lui-même et parlait familièrement à Abraham (1), le père de tous les croyants ; mais il se servait du ministère de ses esprits célestes, de ses Anges, pour manifester sa bonté et sa puissance à l'égard des membres de la famille de ce saint patriarche.

C'est ainsi que Loth, frère d'Abraham, dut son salut à deux Anges envoyés du Ciel pour l'avertir de quitter une ville impie ; et la punition de l'incrédulité de sa femme devint le perpétuel témoignage de la mission surnaturelle des ministres de Jéhovah (2).

C'est ainsi qu'au moment où Abraham allait sacrifier Isaac, pour obéir à l'ordre du Très-Haut, un Ange arrêta son bras et indiqua la victime que la sagesse divine, satisfaite de la soumission du père, avait ménagée pour le salut du fils.

C'est ainsi encore que Jacob, obéissant aux vœux d'Isaac, et quittant le puits du Serment pour aller contracter une union providentielle dans le pays des fils de l'Orient, eut une

(1) Genes., XVIII. 1, 13, 20, 26, 33.
(2) Genes., XIX, 1 à 26.

vision merveilleuse par laquelle l'action médiatrice des Anges de Dieu lui fut révélée.

Accablé de fatigue, il s'endormit. Pendant son sommeil, il vit les messagers de l'Éternel, ministres de la prière des mortels et de la grâce de Dieu, qui montaient de la terre au Ciel et qui descendaient du Ciel sur la terre. Puis il entendit la voix du Seigneur qui lui promettait de bénir en lui toutes les nations de l'univers.

Quelque temps après, sa foi fut éclairée d'une nouvelle lumière. Comme il quittait la terre de l'Orient pour revenir au lieu de sa naissance, il rencontra avant l'aurore un esprit céleste, qui se présenta à lui sous la forme d'un mortel. Luttant avec cet être surnaturel afin d'en être béni, il remporta la victoire et mérita d'être nommé Israël ou la *Rectitude de Dieu ;* et, par ce nom nouveau, il fut associé, ainsi que sa race, au ministère des Anges.[1]. C'est de sa race, en effet, que devaient sortir et l'Homme-Dieu, sauveur du genre humain, et les Apôtres qui ont porté la parole du salut jusqu'aux extrémités de la terre.

Aussi Moïse [2], dans le cantique admirable qu'il composa vers la fin de sa vie, pour célébrer la divine origine des institutions du peuple saint, a-t-il dit : « Consultez les siècles anciens, considérez ce qui s'est passé dans la suite des géné-

---

(1) Le nom *Israel* est construit comme les noms propres des Anges. Il indique une action de la vertu de Dieu. Aussi, les Septante, au ỳ 8 du ch. xxxiii du Deutéronome, ont vu dans ce nom la qualification d'Ange. Leur sentiment est justifié par la tradition juive, quand elle affirme, dans les *Tikkunim,* qu'*Israel* est un des noms de l'Ange du trône ou des divines mesures. Cet Ange est celui dont il est dit, au livre de l'Exode, xxiii, 20, 21 : « Voici : j'envoie un Ange devant toi pour te garder en chemin et pour t'amener au lieu que j'ai préparé. Prends garde à lui et écoute sa voix, ne lui sois pas désobéissant, car il ne te pardonnerait pas tes péchés ; mon nom est en lui. »

(2) Deuter., xxxii, 7, 8, 9.

rations, interrogez votre père et il vous instruira ; interrogez vos aïeux et ils vous diront : Quand le Très-Haut établissait les nations diverses, dispersant sur la terre les enfants de l'homme, il constitua les peuples sur le nombre des enfants d'Israël et des Anges (1), se réservant pour lui-même, Dieu infini, la postérité de Jacob. »

Dieu, en effet, comme le font observer de savants critiques, avait constitué les peuples anciens sur l'image des Cieux (2) dont les mouvements harmoniques sont dirigés par les intelligences supérieures, ministres de sa volonté (3) ; mais tandis que les nations étrangères vivaient sous la conduite des Anges préposés à leur garde, la race de Jacob, assimilée aux célestes esprits, avait pour chef direct l'Éternel lui-même.

Le législateur du peuple de Dieu affirmait, il y a près de quarante siècles, les admirables rapports qui existent entre les hiérarchies célestes et les hiérarchies humaines. Puis, comme ces hiérarchies avaient leur expression sensible dans le spectacle que présente l'univers, il avait voulu, conformé nt à l'ordre de l'Éternel, que ce magnifique symbolisme servît de type aux ornements du Tabernacle et aux princi-

---

(1) Voir la note ci-dessus. La Vulgate a traduit le texte hébreu *littéralement* : « *Juxta numerum filiorum Israel.* » Les Septante ont traduit *spirituellement* : « *Juxta numerum Angelorum Dei* ». Ils l'ont fait en vertu d'une tradition dont la trace se trouve dans l'Ecclésiastique, qui, faisant une évidente allusion au passage du cantique de Moïse, dit : « *In unamquamque gentem præposuit rectorem, et pars Dei Israel facta est manifesta.* » Eccl., XVII, 14, 15. — (Voir Cahen, traduction de la Bible, note sur le ỷ 8 du chap. XXXIII du Deutér.) — Cornel. ad Lapid. sur le même ỷ, note de l'édition Vivès. — Saint Grégoire le Grand, qui admet la leçon des Septante, s'en sert pour montrer comment les élus de la terre sont associés aux chœurs des Anges. (*Homil.* XXXIV, *in Evang.*, n° 11.)

(2) La *Vie de Jésus-Christ*, par le docteur Sepp, VIᵉ sect., chap. XXIV.

(3) Omnibus rebus Angeli præsident tam terræ et aquæ quam aeri et igni, id est, præcipuis elementis et hoc ordine perveniunt ad omnia animalia, ad omne germen, ad ipsa quoque astra cœli. (Orig., *Homil.* VIII *in Jerem.*)

pales cérémonies du culte (1). Comment donc ose-t-on, de nos jours, attribuer à une importation venue de Babylone au temps de la captivité, une croyance si bien établie chez le peuple d'Israël mille ans auparavant, et dont la tradition se trouve inscrite d'âge en âge dans les différents livres de la sainte Écriture ?

Alors, sans doute, les prophètes, obligés d'éclairer et de soutenir le peuple de Dieu exilé, développèrent l'enseignement reçu et lui donnèrent plus d'éclat. Le Seigneur lui-même manifesta sa puissante et attentive providence, en envoyant aux Israélites l'archange Michel et les archanges Gabriel et Raphaël, dont les noms symboliques n'avaient point été écrits encore dans les livres sacrés. Mais cet accroissement de révélations et de lumières, rendu plus utile par les circonstances, n'était que la réalisation progressive du plan que la sagesse éternelle avait tracé, dès le principe, afin de préparer par degrés les hommes à l'Évangile.

Au moment où le Verbe de Dieu fait homme parut dans la Palestine, la secte matérialiste des sadducéens (2) était la seule chez les Juifs qui, par une conséquence facile à comprendre, niait l'existence des Anges. Le dogme dont nous recueillons les preuves était admis d'une manière si générale, que Jésus-Christ pouvait l'affirmer hautement sans être contredit par les chefs de la synagogue.

---

(1) Josèphe, *Hist. des Juifs*, liv. III, chap. viii. — S. Jérôme, dans son Epist. ad Fabiol., *De veste sacerdotali*, expose au long les analogies des ornements du Tabernacle avec le spectacle de l'univers, ce qu'il résume ainsi : « *Totus mundus in Tabernaculi describitur Sacramento* ». Il s'appuie, dit-il, sur la tradition des Juifs : « *Tetigimus expositionem hebraicam* ». Puis il fait l'application des mêmes figures à la constitution de l'Église de Jésus-Christ. (Hieron., *Opera*, édit. Bened., t. II, col. 578 et seq.)

(2) Matth., xxii, 23, 30. — Act., xxii, 8.

2

Quand S. Paul parlait des célestes hiérarchies préposées au gouvernement du monde (1), il tenait un langage bien connu des Docteurs de sa nation (2), et il n'omettait pas de rattacher à ce gouvernement des célestes esprits la constitution du peuple de Dieu, puisqu'il avait soin d'ajouter que la mission principale des Anges administrateurs était de faire parvenir à tous les élus du Seigneur l'héritage du salut (3). Ce mot est important, car les nations n'ont pu avoir part à cet héritage que par le ministère de la race de Jacob, à laquelle il appartenait directement.

Aussi S. Jean, dans les descriptions magnifiques du livre de sa révélation, a-t-il soin d'associer la mission des douze Patriarches et des douze Apôtres à celle de douze Esprits célestes, et la mission des Évêques à celle des sept Anges administrateurs placés devant le trône de Dieu (4). Dans cette admirable prophétie, qui n'est que l'application des figures de l'ancien Testament à l'histoire de la nouvelle Alliance, l'Apôtre dévoile les mystères du texte sacré dont la constitution de l'Église est la splendide révélation.

Sortir de l'étude des Livres saints, pour aller chercher dans certains écrits des Perses, d'une ancienneté très-contestable, la source des symboles et des croyances de la foi catholique (5),

---

(1) Col., ii, 10. — Ephes., i, 21. — Col., i, 16.

(2) Act., xxiii, 9.

(3) Hebr., i, 13, 14.

(4) Apoc., i, 4, 20; iv, 8, 11; xxi, 12, 13, 14.

(5) Il est évident, par la révélation de S. Jean, que l'Apôtre remontait par les *sept* Anges du trône de Dieu, dont il est parlé au livre de Tobie (Apoc., i, 4, Tob., xii, 15); par les *sept* yeux mystérieux mentionnés dans la prophétie de Zacharie (Apoc., v, 6, Zách., iii, 9); par les *sept* Esprits de Dieu qu'Isaïe (xi, 2, 3) vit reposant sur le futur Messie; par les *sept* louanges de la prière de David (Apoc., v, 12., Paral., xxix, 11); par les *sept* lumières du chandelier d'or, jusqu'au symbolisme qui avait présidé à l'ornementa-

c'est allier la plus étrange témérité à l'ignorance réelle ou affectée des richesses scientifiques déposées dans la Loi et dans les Prophètes.

C'est donc faire acte de prudence, de sagesse et de raison que de s'éclairer aux sources de la vérité infaillible, c'est-à-dire à l'enseignement des livres inspirés, des saints Pères et de l'Église catholique.

Or voici cet enseignement.

En dehors et au-dessus de l'humanité, il existe des êtres intelligents, tirés comme nous du néant par la volonté toute-puissante de Dieu (1). Ils sont appelés Anges, d'un mot qui indique, non leur nature, mais leur office d'ambassadeurs ou de ministres du Très-Haut (2). Ces esprits supérieurs ne sont pas tous égaux (3). L'Écriture parle de plusieurs ordres d'esprits célestes (4), plus ou moins rapprochés de la lumière divine (5), et que l'on divise communément en neuf Chœurs par séries de trois Chœurs chacune (6). — Il y a de bons et mauvais Anges. Tous ont été bons à l'origine, car tout ce qui sort des

tion du Tabernacle, et qui était la révélation prophétique de la constitution de l'Église. Il y a là une tradition continue et conforme au génie de la Bible. Il n'y a donc aucune raison de chercher l'origine de la croyance aux Anges et à leurs hiérarchies, comme le prétendent de téméraires critiques, dans le système mazdéen des *sept* Amschaspands, qui diffère *en un point essentiel* de la tradition juive et chrétienne, comme ces critiques sont obligés de l'avouer. (*Des doctrines religieuses des Juifs*, par Michel Nicolas, p. 220, 222, 230.)

(1) De nihilo condidit creaturam spiritualem et corporalem, Angelicam videlicet et mundanam, et deinde humanam quasi communem, spiritu et corpore constitutam. (Concil. Later., anni 1215, cap. *Firmiter*.)

(2) August. *in Psal.*, 102, 20.

(3) Concil. Constantinop., II, c. 11, 14.

(4) Rom., viii, 4. — Thess., iv, Coloss., 4. — Ephes., i. — Psal. xvii, lxxix. — Isaï., vi.

(5) Throni quidem et Seraphim et Cherubim immediate à Deo discunt; tanquam superiores omnibus et Deo propinquiores, his porro docent inferiores ordines. (Athan., *lib. de Comm. Essent.*)

(6) S. Thom., *Summ.*, P. 1, q. 108.

mains de Dieu est pur. Mais tous n'ont point persévéré dans la justice (1). Ceux qui ont failli sont exclus à jamais du Ciel (2), tandis que les Anges fidèles jouissent d'une sainteté et d'un bonheur qu'ils ne peuvent plus perdre (3). — Les bons Anges, sans s'éloigner de la face de Dieu, exécutent ses volontés et ses désirs sur le reste de la création (4). Ils sont particulièrement les instruments de la Providence auprès des hommes, soit qu'ils protégent l'Église universelle (5), les Églises particulières (6), les empires, les royaumes et les peuples (7), soit qu'ils exercent leur charitable ministère auprès de chaque homme en particulier (8). — Les mauvais Anges, séparés de Dieu, sont en proie aux plus horribles souffrances (9); leur volonté, ulcérée et livrée tout entière au mal, brûle de propager la révolte et de faire des complices; elle a voué à Dieu et à ses œuvres une haine implacable, et elle cherche particulièment à assouvir cette haine en arrachant l'homme à Dieu et en le rendant misérable (10).

(1) Job, IV, 18. — Isti autem cum boni creati essent, mali facti sunt. (August., de Civit. Dei, lib. XII, cap. IX.) — Hier., Comment. in Cap. IV., Job. — Concil. Bracar., can. VII.

(2) Angelis peccantibus non pepercit Deus. (II , Petr., 11.)

(3) Angeli eorum semper vident faciem Patris mei qui in cœlis est (Matth., XVIII.)

(4) Sic exterius implent ministerium, ut tamen nunquam desint interius per contemplationem. (Gregor., Homil. XXXIV in Evang.)

(5) Divinis potestatibus quæ Ecclesiam Dei... custodiunt. (Euseb., In Psal. XLVII.)

(6) Non solum ad tuendum gregem Dominus episcopos ordinavit, sed etiam Angelos destinavit. (Ambros., in Luc, lib. II. — De Pœnit., lib. I, cap. II.)

(7) Per gentes et civitates divinæ sunt Angelorum præfecturæ. (Clem. Alex., Stromat., lib. VI.)

(8) Angelum unicuique ad custodiam divinitus datum ex scriptura didicimus. (Euseb., Præpar. Evang., lib. XIII.)

(9) Matth., XXV, 41. — Petr., I, 11.

(10) Malos Angelos rabie quadam contra humanum genus incitatos quod ad imaginem Dei factum videbant, atrox bellum adversus hominem suscepisse. (Theodoret, de Græc., Affectionib.)

Vous ne pourriez en conséquence, N. T.-C. F., sans un grave détriment pour votre salut, négliger un point aussi important de l'enseignement de vos pères. Vous devez vous tenir en garde contre l'ennemi spirituel qui, d'après la sainte Écriture, rôde sans cesse autour de vous pour vous perdre (1). Vous devez surtout vous rappeler avec bonheur et avec confiance ces autres paroles du texte sacré. « Dieu a ordonné à ses bons Anges de vous garder dans toutes vos voies. » *Angelis suis Deus mandavit de te, ut custodiant te in omnibus viis tuis* (2).

II

Les Anges ont droit à notre vénération.

Le culte suprême d'adoration, le culte de *latrie*, n'appartient qu'à Dieu seul, à cause de la suréminence de son être infini et de son domaine sur toutes les créatures.

Mais il est un culte de vénération, de reconnaissance et d'honneur, appelé culte de *dulie*, bien inférieur au premier, que nous devons rendre aux Anges, parce qu'ils sont pour nous les envoyés du Très-Haut. En les honorant, nous entourons de nos hommages le Roi éternel dont ils sont les ministres. En reconnaissant la sublime mission que Dieu leur a confiée, et en vénérant leur caractère sacré, nous remontons jusqu'à l'auteur de tout bien qui est la fin ultérieure des sentiments que nous manifestons.

(1) 1, Petr., v, 8.
(2) Psalm., XC., 11.

Aussi Dieu nous a-t-il ordonné de vénérer les célestes
Esprits. « Je vais envoyer mon Ange, disait-il autrefois à son
peuple (1), afin qu'il marche devant vous, qu'il vous conduise
dans la voie et qu'il vous fasse entrer dans le pays que je vous
ai préparé; respectez-le, écoutez sa parole, prenez garde de
le mépriser », *observa eum, et audi vocem ejus, nec contem-*
nendum putes.

Nous lisons dans l'Épître aux Romains (2), qu'il faut
honorer celui à qui appartient l'honneur; et la raison pro-
clame que le droit à l'honneur a pour motif et pour proportion
l'excellence de celui qui en est l'objet.

Or, l'excellence des Anges est sublime, soit à cause de la
perfection de leur nature, soit à cause de l'éminence de leur
sainteté, soit à cause de l'éclat de leur gloire.

Par leur nature, qui les élève beaucoup au-dessus de
l'homme (3), ils sont de purs esprits, doués des nobles facultés
qui ne conviennent qu'aux êtres incorporels. Ils sont remplis
de beauté, de science, de puissance, de sagesse et de splendeur.

Les dons surnaturels qu'ils ont reçus en firent des amis
de Dieu; leur persévérance dans la grâce en a fait des princes
du Ciel et les a constitués dans l'état de gloire.

Miroir pur et sans tache de la splendeur divine, dont il
réfléchit les rayons lumineux, l'Ange fidèle est comme une
céleste émanation de la beauté de Dieu même. S. Anselme,

---

(1) Exod., xxxiii, 20, 21.

(2) Rom., xiii, 7.

(3) Angelica creatura, quæ omnia cætera, quæ Deus condidit, naturæ dignitate
præcedit. (August., *de Civit. Dei.*, lib. XI, cap. xv.)

pour en donner une idée sensible, se sert d'une ingénieuse comparaison. « Si le Seigneur, dit-il, mettait un Esprit céleste à la place du soleil, s'il l'environnait d'autant de soleils qu'il y a d'étoiles, et qu'il lui permît de faire passer à un corps emprunté quelques rayons de ses lumières, il éclipserait toutes les clartés des autres astres et les rendrait invisibles (1).

Le culte des Anges est donc fondé sur la volonté de Dieu, ainsi que sur des motifs puissants accessibles à notre intelligence. Il est en outre conforme à la pratique de l'Église et à celle des Saints de l'ancien et du nouveau Testament.

L'Église, fidèle épouse de Jésus-Christ et tendre mère des enfants de Dieu, prouve hautement sa foi dans la légitimité et dans l'utilité du culte des saints Anges. Elle a établi, en effet, des fêtes solennelles pour célébrer la gloire de ces célestes Esprits, et pour solliciter le secours de leurs puissantes prières. Dès qu'elle put élever des temples publics et somptueux, elle consacra plusieurs de ces édifices (2) au culte de l'archange S. Michel, qu'elle a toujours regardé comme son protecteur spécial, conformément à l'enseignement le moins contestable de la sainte Écriture (3).

La province ecclésiastique de Rouen s'est distinguée entre toutes les autres, par le culte qu'elle a rendu et qu'elle rend encore au chef des Anges. La basilique de Saint-Michel, élevée dès les temps anciens au lieu appelé le *péril de la mer*, près d'Avranches, est un des sanctuaires les plus célèbres de

(1) *Les Saints Anges*, Édit. de Toulouse, 1841, p. 10, 11.

(2) Godescard, *Vie des Pères et des Martyrs*, au 29 septembre.

(3) In tempore autem illo consurget Michael, princeps magnus, qui stat pro filiis populi sui. (Dan., xii, 1.) — Et factum est prælium magnum in cœlo; Michael et Angeli ejus præliabantur cum dracone, et draco pugnabat et Angeli ejus, et non valuerunt. (Apoc., xii, 7 et 8.)

la chrétienté. L'usage de visiter ce temple avec foi, était naguère une des traditions les plus chères aux fidèles de notre Diocèse, à ceux surtout qui faisaient partie des associations charitables établies en l'honneur de l'Ange protecteur de la Sainte Église.

Le culte que nous rendons aux saints Anges était pratiqué sous la loi de Moïse, et même dès le temps des Patriarches. Daniel se prosterna en face de l'Esprit céleste qui lui apparut sur les rives du Tigre (1). Abraham s'était incliné devant les envoyés de Dieu qui le visitèrent dans la vallée de Mambré (2).

Toutefois, comme la superstition s'était mêlée à ce culte, soit chez quelques Docteurs de la synagogue, soit chez les gnostiques, les Saints du nouveau Testament, tout en conservant ce que la tradition avait de légitime, eurent soin de prévenir les abus. De là les précautions prises par S. Paul (3) et par saint Jean (4), pour que les premiers chrétiens comprissent bien la nature du culte dont les Anges doivent être l'objet. Mais, dès les temps apostoliques, les hommes de Dieu trouvèrent dans la piété à l'égard des saints Anges un aliment à leur foi et à leur charité.

Saint Denis, qui a si admirablement écrit sur les célestes hiérarchies, aimait à prendre le nom de *philange*, pour montrer l'étendue de sa vénération et de son amour pour ces sublimes Intelligences (5). On vit des martyrs s'appliquer à se rendre les

(1) Dan., x, 9.
(2) Genes., xviii, 2.
(3) Coloss., II, 18.
(4) Apoc., xix, 20 ; xxii, 9.
(5) S. Dionys., *De Cœlest. Hierarch.*, cap. xiii.

Anges favorables, afin de supporter la persécution avec plus de
courage (1). S. Grégoire de Nazianze priait les Anges de rece-
voir son âme à l'heure de la mort (2), et S. Léon le Grand,
invitait les fidèles à contracter une douce et sainte union
avec les esprits du Ciel (3). « Aimons tendrement en Dieu,
dit S. Bernard, les Intelligences bienheureuses, les Anges qui
seront un jour nos compagnons et nos cohéritiers dans la
gloire, et qui sont aujourd'hui nos tuteurs et nos gardiens.
Soyons dévoués et reconnaissants envers de si dignes protecteurs; aimons-les, honorons-les autant que nous en sommes
capables (4). »

Que n'aurions-nous point à dire des Saints les plus illus-
tres des derniers siècles? Leur vie et les ouvrages qu'ils ont
écrits témoignent de leur piété à l'égard des saints Anges.
Nous nous bornerons à dire que l'illustre archidiacre d'Évreux,
M. Boudon, imitant leur exemple et s'inspirant de leur foi,
eût voulu que les paroles de S. Léon : « Faites société avec
les saints Anges, *confirmate amicitias cum sanctis Angelis* »,
retentissent par toute la terre et fussent gravées dans toutes
les demeures. « Jamais, ajoutait-il, nous ne nous acquitte-
rons assez dignement de nos devoirs envers ces aimables
Esprits (5). »

(1) Inter Epist. S. Cyprian., Epist., 77.
(2) Carm., 22, etc.
(3) S. Leo., *De Solemnitate Nativit. Christ.*, Serm. II.
(4) Bern., *in Psal.* XC.
(5) *Dévotion aux neuf Chœurs des Anges*, exhort. prélimin.

III

Les Anges méritent notre confiance.

La confiance que nous devons aux célestes Esprits est fondée principalement sur ce texte du livre des Psaumes : « Dieu a commandé à ses Anges de veiller sur vous, et de vous garder dans toutes vos voies (1) ».

S. Bernard, pour nous faire comprendre l'importance pratique de ce passage de la sainte Écriture, qui doit exciter et diriger notre foi dans la protection des bons Anges, s'applique à montrer quelles sont nos voies, et en même temps quelles sont les voies des esprits mauvais, ainsi que les voies des saintes Intelligences et celles de Dieu (2).

Nos voies, à nous enfants d'Adam, sont les nécessités de la vie présente et la concupiscence, fruit amer du péché d'origine. Obligés de nous courber vers la terre pour lui demander le pain de chaque jour nécessaire à notre corps, nous sommes exposés à oublier le pain du Ciel, le pain des Anges, nécessaire à notre âme. Sollicités par nos mauvais instincts, nous négligeons trop souvent les saintes inspirations de la grâce. Nous ne sommes pas assez persuadés qu'il existe pour nous deux voies : l'une bien large qui conduit à la perdition, l'autre plus étroite qui conduit à la vie bienheureuse (3).

(1) Ps. XC, 11.
(2) Bernard., in Psal. XC, *Sermo* xi.
(3) Matth., vii, 13, 14.

L'esprit de ténèbres vient augmenter les dangers qui nous entourent, en s'efforçant à nous faire entrer dans les voies qui lui sont propres, c'est-à-dire la présomption qui ne redoute aucun péril, l'obstination qui conduit à la persévérance dans le mal, et l'impénitence.

Voilà nos voies et celles de notre ennemi spirituel ; mais combien sont admirables les voies du Seigneur et celles des saints Anges !

Les voies du Très-Haut, dit le Psalmiste, sont miséricorde et vérité (1). Si ce Père infiniment sage nous éprouve par les tentations, c'est afin de manifester sa bonté qui couronne le mérite, ou pardonne au repentir sincère ; c'est afin de nous éclairer de lumières plus vives. « Convenait-il, se demande un théologien (2), que les êtres intelligents et libres fussent irrévocablement fixés, sans être mis en demeure de choisir et de prendre par eux-mêmes une décision sur leur voie ? Assurément non, répond-il, car c'est par l'épreuve que s'exerce, que se fixe toute liberté créée. »

Pour vous faire comprendre la sagesse des voies divines, N. T.-C. F., nous emprunterons nos images et nos expressions aux écrits des Prophètes.

Les collines du monde s'abaissent, dit l'un d'eux (3), sous les pas de l'Éternel ; ce qui veut dire, selon S. Bernard et les commentateurs (4), que les êtres intelligents et libres ayant reconnu la puissance du Très-Haut, sa miséricorde se montre

---

(1) Universæ viæ Domini misericordia et veritas. (Psal., XXIV, 16.)
(2) *Dogmes cathol.*, t. Ier, p. 202.
(3) Habac., Cant. VI et seq.
(4) Bernard., *Sermo* xi, n° 8.

d'âge en âge, à l'égard des hommes de bonne volonté, comme sa vérité brille pour eux d'une éternelle splendeur. Sa gloire a éclaté dans les cieux et sa louange a retenti sur la terre. Il s'est élevé sur un char majestueux, et ce char, c'est le salut de tous ceux qui veulent être sauvés. C'est par l'Incarnation de son Fils éternel, par son Christ, le Roi des Anges, qu'il s'est avancé au milieu des générations pour opérer cette grande œuvre du salut. Sa parole comme une flèche de lumière, comme un glaive de feu, a illuminé le monde. Le juste s'est réjoui dans le Seigneur, s'est exalté en Jésus, et il s'est élancé vers les cieux en chantant l'hymne de la reconnaissance et de l'amour, heureux d'avoir rencontré et suivi les voies du Tout-Puissant.

Mais si le juste a choisi la voie dans laquelle la miséricorde et la vérité de Dieu sont devenues sa consolation, sa force et sa lumière, c'est, selon l'illustre abbé de Clairvaux (1), qu'il a compris l'excellence de la voie que suivent les saints Anges, qu'il s'est inspiré de leur amour de la vérité, qu'il s'est confié dans leur charitable protection.

Les célestes Esprits montent et descendent. Lorsqu'ils s'élèvent par la contemplation, ils recherchent la vérité avec ardeur. Leurs saints désirs sont rassasiés, et leur satiété augmente encore leurs saints désirs (2). Lorsqu'ils descendent, ils exercent à notre égard une douce mission de bonté et de miséricorde ; ils nous gardent dans toutes nos voies. Fruits heureux de ce mouvement incessant d'adoration et d'obéissance, leur bonheur et leur dévouement à nos intérêts devien-

---

(1) Loc. citat., n. 10, 11.
(2) Desiderio satiantur, et satiando desiderant, n° 10.

nent pour nous le canal des grâces divines les plus pré-
cieuses (1). Par leur ministère charitable, la protection du
Très-Haut s'étend sur nous, à toute heure et dans tous nos
besoins. L'humilité qui fait les vrais pénitents nous devient
facile, l'application à tous les devoirs fixe notre volonté,
l'amour de Dieu est notre appui dans les tentations les plus
dangereuses, notre consolation dans les peines les plus déchi-
rantes.

Aimez-donc, concluerons-nous avec S. Bernard, N. T.-
C. F., aimez à vous rappeler que vos Anges, qui voient la
face de Dieu, sont sans cesse près de vous, qu'ils vous aver-
tissent et vous protégent. Respectez-les. Répondez à leur
vigilance par une confiante obéissance à leurs bonnes inspirations. Entretenez un saint commerce de pensées et de
prières avec ces célestes Intelligences, qui veillent continuel-
lement sur vous, afin de répandre en vos âmes les joies consolantes de l'esprit de foi : « *Habete familiares Angelos,
fratres mei, frequentate eos sedula cogitatione et devota
oratione, qui semper vobis adsunt ad custodiam et consola-
tionem* (2) ».

---

(1) Fructus Angelicarum viarum, quod ad ipsos spectat, sua ipsorum beatitudo, et
obedientia caritatis; quod autem ad nos pertinet, inde quidem obtentus divinæ gratiæ,
n° 10.

(2) Bernard., in Psal. XCI, *Sermo* xii.

IV

Les Anges doivent être l'objet de notre imitation.

Notre-Seigneur Jésus-Christ a établi, N. T.-C. F., le principe de cette obligation lorsqu'il a dit : « Nul n'entrera dans le royaume des Cieux s'il ne se convertit, et s'il ne devient humble comme un enfant (1). » Car il a ajouté que le type, sur lequel l'enfant est lui-même formé, c'est « son Ange qui voit sans cesse la face du Père céleste (2). » Si l'enfant est cher au cœur de Dieu, s'il doit nous servir de modèle, c'est qu'il est simple et innocent, humble et soumis, comme l'Ange commis à sa garde (3).

S. Léon le Grand a donc proclamé une vérité pratique d'une haute importance, lorsqu'il a dit : « Que votre conscience devienne pure, afin que, soupirant désormais vers le royaume du Ciel, et exécutant la volonté de Dieu, avec le secours de sa grâce, vous soyez sur la terre les imitateurs des saints Anges. *Imiteris Angelos super terram* (4). »

Écoutons encore S. Bernard qui va compléter la pensée de S. Léon. « Quel est, dit-il, le vœu des saints Anges ? Quel est le but des inspirations qu'ils nous donnent par l'ordre

---

(1) Nisi conversi fueritis et efficiamini sicut parvuli non intrabitis in regno cœlorum. Quicumque ergo humiliaverit se sicut parvulus iste, hic est major in regno cœlorum. (Matth., xviii, 3, 4.)

(2) Angeli eorum in cœlis semper vident faciem Patris mei qui est in cœlis. (Matth., xviii, 10.)

(3) Parvulos enim et humiles mire amant Angeli quasi suos sibique similes. (Cornel. a Lap. in Matth., xviii, 10.)

(4) Leo., Pap., de Solemn. Natal. Domin. (*Sermo. n*, c. 3.)

de Dieu? sinon de nous engager à établir sur la terre le règne de paix et de concorde, qui fait la gloire de la Jérusalem céleste dont ils sont les heureux citoyens (1).

Il y a donc, dans le plan divin de la Création et de la Rédemption, une sainte communauté de relations et de vertus entre la cité de Dieu au Ciel, et la cité de Dieu sur la terre. Aussi Notre-Seigneur nous a-t-il appris à demander chaque jour « que la volonté de son Père se fasse sur la terre comme elle se fait au Ciel (1). » Cette vérité est le fondement de l'un des plus beaux enseignements que la tradition des saints Pères nous ait transmis.

Dieu est charité, comme dit l'Apôtre (2). La révélation tout entière n'est que l'expression de cet amour qui se manifeste dans un ordre admirable, suivant cette parole de l'Épouse des cantiques : « Mon bien aimé m'a fait pénétrer dans les secrets de sa miséricorde, et il a ordonné en moi la charité. *Ordinavit in me charitatem* (3). »

S. Denis qui, selon la plus respectable des traditions, est l'aréopagite d'Athènes converti par S. Paul, et le chef de la mission apostolique à laquelle se rattache le nom de de S. Taurin, expose dans un traité magnifique (4) cet ordre de la divine charité, par lequel les créatures supérieures communiquent aux créatures inférieures les ardeurs, la lumière et le mouvement divin qui font leur bonheur, leur

---

(1) Super omnia hæc unitatem et pacem a nobis exigunt Angeli pacis. Quidni maxime delectentur in his, quæ formam quamdam civitatis suæ repræsentant in nobis, ut mirentur Jerusalem novam in terra. (Bernard., in Festo S. Michael., *Sermo.* 1.)

(2) I, Joann., IV, 8.

(3) Cant. II, 6.

(4) Liber *De cœlesti Hierarchia.*

gloire, et aussi leur vertu. Car S. Augustin nous apprend que pour bien définir la vertu, il faut l'appeler « l'ordre dans l'amour. *Virtus est ordo amoris.* » La force de la vertu, en effet, n'est-elle pas en raison de l'amour qui la produit, et sa beauté, en raison de l'ordre dans lequel procèdent ses affections ?

Conformément à ce principe, S. Denis place les Anges, nommés *Vertus* (1), vers le centre des neuf Chœurs célestes qui louent Dieu, en l'aimant, et qui exécutent près des hommes les messages de son paternel amour. Ces neuf Chœurs sont divisés en trois ordres (2) qui transmettent à la terre, chacun par le mode qui lui est propre, l'ardeur, la lumière et le mouvement de la charité de Dieu.

Ainsi voyons-nous l'amour qui anime la sainte Trinité se manifester sur la terre par trois ordres différents, modelés sur ceux qui font l'ornement de la cité céleste (3).

Est-ce que, dans la sainte Église, l'ordre des Pasteurs (4), qui est un état de perfection acquise, ne doit point communiquer, par la vertu des sacrements, l'amour, la lumière et le mouvement de Dieu, à l'ordre des Religieux (5) qui, obligés

---

(1) Dionys., *De cœlesti Hierarch.*, cap. viii.

(2) Omnis quæ de Deo divinisque rebus disserit ratio et scientia, omnes cœlestes naturas *novem nominibus* vim explicandi habentibus appellavit. Has divinus noster sacrorum initiator, in *tres terniones* distribuit atque distinxit. (*De cœlest. Hierarchi.*, c. vi.)

(3) Ecclesiasticæ Hierarchiæ principium est Trinitas, quæ est fons vitæ bonitatis essentia, una causa rerum omnium, a cujus bonitate, et status, et bonus status iis conceditur. (*De Eccles. Hierarch.*, c. i.)

(4) Ad sanctum Sacerdotii munus et officium venientes, ipsi ad naturas illas cœlestes, quæ nobis præstant, propius accedamus. (*Ibid.*)

(5) S. Denis, faisant plus d'attention à la perfection réelle des âmes qu'à la perfection de leur ministère, a placé les religieux au-dessus des pasteurs; mais dans l'enseignement de l'Église, la vocation pastorale est la plus élevée de toutes. — S. Thom., 2a 2æ, quest. clxxxiv, art. vii, viii.

par leurs vœux de tendre à la perfection des conseils évangéliques, s'appliquent soit à la contemplation, soit au ministère de la parole, soit à l'exercice de toutes les bonnes œuvres ? Est-ce que l'influence de ces deux ordres ne doit point se refléter sur les familles chrétiennes, dans lesquelles l'observation des divins préceptes unit à Dieu des âmes intelligentes et libres, que Dieu unit entre elles à différents titres, afin qu'elles imitent la triple forme de son éternel amour ?

N'est-ce point par la communion sacramentelle au corps et au sang de Jésus-Christ, vrai *pain des Anges*, que s'alimente, que se fortifie, que se règle et s'anime la vie pure et sans tache, la vie surnaturelle, qui fait de la cité de Dieu sur la terre une image réelle de la cité des cieux ?

Voilà pourquoi, N. T.-C. F., vos Pasteurs ne montent jamais à l'autel sans invoquer le concours des Chœurs angéliques, et sans répéter avec eux la louange du Dieu trois fois saint, au moment où ils vont offrir la Victime sainte qui prie sans cesse pour nous, et distribuer la communion aux fidèles qui veulent sincèrement aimer Dieu et leur prochain.

Puissent ces considérations, N. T.-C. F., augmenter la foi des âmes qui vivent dans la piété ! Puissent-elles aller à l'intelligence et au cœur de tant de chrétiens, qui trouveraient dans la pratique éclairée de leurs devoirs religieux une force et une consolation dont ils se privent par une déplorable négligence !

L'exercice des vertus chrétiennes exige des efforts généreux ; le Ciel appartient à celui qui a du courage. Mais cet exercice produit dans l'âme la paix intérieure, qui est une participation de la force d'en haut et un avant-goût du bonheur des Saints. Plusieurs, dit S. Bernard, ne voient dans la vie chrétienne que les croix qui y sont attachées ; ils ne voient pas, ils ne soupçonnent même pas les joies spirituelles qui accompagnent ces sacrifices.

Nous nous sommes proposé dans cette instruction pastorale de leur exposer l'une des vérités les plus admirables et les plus consolantes de notre foi. Resteront-ils néanmoins encore éloignés des sources de la vie ? La Sainte Quarantaine ne sera-t-elle point marquée par d'heureux retours ? Tous refuseront-ils de recourir à la médiation de l'Ange qui peut être pour eux l'organe de la divine miséricorde ? N'y aura-t-il point dans notre Diocèse, cette année, une protestation solennelle de la piété contre les doctrines abjectes dont l'écho nous arrive, et qui finiraient par prévaloir dans la société, si le nombre des chrétiens négligents ne diminuait pas ?

Dans l'année qui vient de s'ouvrir, tous les Évêques du monde se réuniront en Concile général, sous la présidence du Chef de tous les Pasteurs, afin d'étudier les besoins véritables de l'Église et de la société, et de prendre les résolutions que le Saint-Esprit leur dictera. L'œuvre qu'ils entreprendront sera grande devant Dieu et devant les hommes, car la cité de la terre sera en communication plus directe et plus solennelle avec la cité du Ciel. Les efforts de l'Épiscopat, n'en doutez pas, N. T.-C. F., seront bénis des divines bénédictions. Mais il faut que les fidèles joignent leurs prières et leurs bonnes œuvres aux charitables entreprises de leurs Pasteurs. Ils faut qu'ils contribuent à faire descendre sur la société chrétienne les grâces de l'Esprit-Saint dans une plus grande abondance.

Nous espérons que notre appel sera entendu. Les personnes

qui ont les habitudes de la piété ne manqueront pas, pendant le Carême, de prier avec ferveur leur Ange gardien, l'Ange de la paroisse, celui du Diocèse et celui de la sainte Église catholique. Le moment est venu de faire violence au Ciel et d'obtenir la conversion de beaucoup de pécheurs.

· En vue d'assurer ces consolants résultats, nous vous exhortons vivement, N. T.-C. F., à unir vos généreux efforts en donnant votre nom à la pieuse Archiconfrérie établie à Évreux.

L'association en l'honneur des saints Anges, à laquelle le Très-Saint Père vient d'accorder le titre d'*Archiconfrérie*, remonte au dix-septième siècle; elle est due au zèle du vénéré M. Boudon, grand archidiacre d'Évreux, qui publia, vers 1665, un traité sur *la Dévotion aux neuf Chœurs des Anges.*

L'exhortation touchante qu'il adressait aux fidèles de son temps (1), sera la conclusion de notre instruction pastorale :

« O, mes Frères, aimez les saints Anges ! Ils sont des amis fidèles, des protecteurs très-puissants, des pères remplis de charité pour nous. »

« Prédicateurs, directeurs, hommes apostoliques, aimez les saints Anges. Ils sont savants de la science du ciel et de la terre, les princes de la lumière d'en haut, et des guides assurés dans la voie de la justice. »

« Prêtres du Seigneur, aimez les saints Anges ; c'est par leurs mains que le sacrifice est porté sur le sublime autel de la Majesté divine. »

« Vous qui vivez dans le cloître ou dans la solitude, aimez

(1) *Vie de M. Boudon,* liv. III, § x.

les saints Anges ! ces admirables esprits sont toujours cachés en Dieu, et jamais ils ne le perdent de vue. »

« Vous qui êtes obligés de vivre dans le monde, aimez les saints Anges ! ces pures intelligences vous suivent et brillent à vos côtés. »

« Aimez les saints Anges, vous qui êtes engagés dans les liens du mariage; votre état est l'objet de leurs soins; le jeune Tobie l'éprouva d'une manière bien consolante. »

« Aimez les saints Anges, vous qui n'avez pas contracté un lien qui unit votre vie à la vie d'un autre; les saints Anges sont les amis de la pureté, les défenseurs de la virginité. »

« Justes et pécheurs, riches et pauvres, heureux ou affligés, aimez les saints Anges : ce sont les guides de l'innocence, les asiles de la vertu submergée, les lumières qui vous feront voir le néant de tout ce qui passe et le bonheur de ceux qui traversent avec fidélité cette vallée de larmes. »

Nous vous avons dit, N. T.-C. F., au commencement de cette instruction, que l'ange déchu, ennemi constant de notre âme, doit être mis en fuite par la prière et par le jeûne, comme l'affirme l'Évangile (1). Nous vous engageons donc à observer, autant que vous le pourrez, les règles de l'abstinence quadragésimale. Toutefois, afin de ne pas trop exiger, nous venons en aide à votre faiblesse, ainsi que nous l'avons fait les années précédentes; mais nous vous supplions de vous rendre favorables, par votre ferveur, vos Anges tutélaires. Il importe que, soutenus par leur puissante inter-

(1) Matth., xvii, 20.

cession, vous reveniez aux jours bénis de votre jeunesse, et que,
priant Dieu avec une vive confiance, vous obteniez qu'il vous
fasse une large application des mérites de son divin Fils,
qu'il vous remplisse de joie en vous révélant sa tendresse,
qu'il vous rende enfin la justice surnaturelle qui vous assu-
rera son éternel amour.

A CES CAUSES,

Le saint nom de Dieu invoqué,

Après en avoir conféré avec nos vénérables Frères les
Chanoines et Chapitre de notre Église Cathédrale, nous arrê-
tons les dispositions suivantes :

ARTICLE PREMIER. — Nous rappelons à tous les fidèles qui
ont vingt et un ans accompli l'obligation du Jeûne pour
tous les jours du Carême, les Dimanches exceptés.

ART. 2. — Nous permettons l'usage des œufs pendant le
Carême, jusqu'au Mercredi-Saint inclusivement.

ART. 3. — Nous permettons l'usage du beurre et du lait,
à la collation, tous les jours de Jeûne, durant le temps du
Carême et le reste de l'année, à l'exception du Vendredi-
Saint.

ART. 4. — En vertu d'un Indult apostolique du 19 décem-
bre 1866, nous permettons, pour cette année, l'usage des
aliments gras, les Dimanches, à deux repas ; les Lundi, Mardi

et Jeudi de chaque semaine, à un seul repas, jusqu'au Jeudi de la Passion inclusivement (1).

Art. 5. — Ces deux dernières permissions ne sont accordées que sous la condition expresse d'une compensation, c'est-à-dire d'une aumône qui devra être remise au Pasteur ou au Confesseur.

Art. 6.—Sont dispensés de cette obligation : 1° les enfants mineurs qui sont sous la dépendance de leurs maîtres ou de leurs parents ; 2° les domestiques ; 3° tous ceux qui ne gagnent leur vie qu'avec grand' peine, et que l'on considère comme véritablement pauvres.

Art. 7. — Nous autorisons, pour cette année, MM. les Curés et MM. les Confesseurs à accorder de plus amples permissions aux personnes qui croiraient en avoir besoin. — Surtout la permission d'user d'aliments gras à deux repas, pour les personnes qui ne peuvent jeûner.

Art. 8. — Le produit des aumônes du Carême sera remis au Secrétariat de l'Évêché dans le plus bref délai possible. Chaque Curé, cependant, est autorisé à en réserver la quatrième partie pour être distribuée en secours aux pauvres de sa paroisse.

Art. 9. — Nous recommandons de la manière la plus expresse à MM. les Curés de faire pendant le Carême, au moins trois fois par semaine, une instruction ou une lecture. Nous

---

(1) Le Rescrit porte la condition suivante : *Vetita carnium et piscium promiscuitate etiam diebus Dominicis.*

autorisons à la suite la bénédiction du Saint-Ciboire. Nous exhortons les Pasteurs des paroisses à se prêter un mutuel secours, et à appeler à leur aide ceux de leurs Confrères qui peuvent le plus utilement remplir le ministère de la sainte Parole.

Art. 10. — Le temps de satisfaire au devoir pascal commencera le Dimanche de la Passion et finira le deuxième Dimanche après Pâques.

Art. 11. — Nous exhortons vivement les pères et mères, les chefs de manufacture et d'atelier, à donner à ceux qui leur sont soumis le temps nécessaire pour qu'ils puissent se préparer à la Communion pascale.

MM. les Curés se prêteront aux heures qui dérangeraient le moins les travaux et les occupations de leurs paroissiens.

Art. 12. — Nous recommandons au zèle des Dames qui avaient bien voulu, dans quelques villes, se charger de l'Œuvre diocésaine, la quête pour nos Séminaires, dont les besoins sont toujours pressants.

Art. 13. — Nous renouvelons l'obligation, pour MM. les Curés des paroisses où la quête pour les Séminaires ne se fait pas à domicile, de la faire dans leur Église, le jour de Pâques et le jour de Noël.

Cette quête sera annoncée le Dimanche qui précédera chacune de ces fêtes.

Art. 14. — Sera notre présent Mandement lu au Prône des Messes paroissiales, publié dans les Séminaires, Communautés religieuses, Chapelles de collége et de prison, le 1er Dimanche de Carême. Toutefois le dispositif en sera déjà lu le Dimanche de la Quinquagésime.

Cette Instruction pastorale ayant exigé d'assez longs développements, nous désirons qu'elle soit partagée en plusieurs lectures.

Donné à Évreux, dans notre Palais épiscopal, sous notre seing, le sceau de nos armes et le contre-seing du Secrétaire de l'Évêché, l'an de J.-C. 1869, le 18 janvier, fête de la Chaire de S. Pierre à Rome.

† JEAN, Évêque d'Évreux.

Par mandement de Monseigneur :

G. AMETTE,
Chanoine, Secrétaire général.

AVIS

I

En vertu de l'Indult pontifical du 30 janvier 1867, nous autorisons, pour la présente année, MM. les Curés et Aumôniers à permettre aux fidèles dont ils sont chargés l'usage des aliments gras, les samedis auxquels un jeûne n'est point attaché. — Une bonne œuvre est d'obligation. Les aumônes destinées au Diocèse seront envoyées au Secrétariat.— Cette dispense de la loi de l'Église pourra être annoncée publiquement si on le juge opportun. Le Dimanche de la Trinité est celui que l'on choisira de préférence pour faire cette annonce publique.

II

Voici l'Indult qui érige en *Archiconfrérie* l'Association érigée dans l'Église Cathédrale d'Évreux en l'honneur des saints Anges :

« BEATISSIME PATER,

« Episcopus Ebroicen., ad Sanctitatis Vestræ pedes humiliter provolutus exponit quod in sua civitate *Evreux* nuncupata pia existit Confraternitas in honorem SS. Angelorum a Ven. Henrico Boudon, Archidiacono Ecclesiæ Ebroicen., jam inde a sæculo XVII° erecta, cujus confratribus summi Pontifices insignes indulgentias impertiri dignati sunt; in præsens vero Episcopus orator ad majorem gloriam et ut dicti Confratres magis magisque ad pietatem ac ad pia opera exercenda excitentur, enixe Sanctitatem Vestram deprecatur ut illa Confraternitas ad honorem *Archiconfraternitatis* evehatur. Et Deus. . .

« Ex audientia SS^{mi} habita ab infra scripto D. Secretario S. Congregationis Episcoporum et Regularium sub die 19 junii 1868. — Sanctitas Sua, attentis ab Episcopo Ebroicen. Oratore, eidem benigne facultatem tribuit enunciatam Confraternitatem ad honorem ac titulum *Archiconfraternitatis* pro suo arbitrio et conscientia evehendi, cum Indulto eidem duntaxat alias, quæ intra ambitum suæ Diœcesis existunt, vel existent, aggregandi, servatis in reliquis præscriptionibus SS. Canonum et Apostolicarum Constitutionum ; contrariis quibuscumque non obstantibus...

« Romæ...

« A. Card. QUAGLIA, Præf^s. »

MM. les Curés sont priés de correspondre avec M. DENEUVE, Vicaire général, Archidiacre, Directeur de l'Archiconfrérie, qui fera connaître les conditions de l'Association, ainsi que les grâces spirituelles qui y sont attachées, et qui inscrira le nom des personnes associées.

www.ingramcontent.com/pod-product-compliance
Lightning Source LLC
Chambersburg PA
CBHW060525210326
41520CB00015B/4304